Citas Para Engalanar Tu Oratoria

Citas Para Engalanar Tu Oratoria

Elbia I. Quiñones Castillo

Citas para engalanar tu oratoria

© 2014 Elbia I. Quiñones Castillo

Relevo de responsabilidad: La investigación efectuada relaciona estas citas con sus autores intelectuales; sin embargo, si usted identifica alguna que no es correcta, comparta su observación a través de este correo electrónico (info@powerpublishingpr.com). Efectuaremos la actualización, lo antes posible. Este material de referencia está sujeto a la discreción del lector y de su riesgo. Utilice el libro como una guía.

Todos los derechos reservados. Las características tipográficas y de edición de esta obra son propiedad de la casa editora. No está permitida su reproducción parcial o total sin autorización por escrito de la casa editora.

AZ DP 16 15 14 12 18 14

Power Publishing Learning Systems™
PO Box 593
Caguas, PR 00726
info@powerpublishingpr.com
www.powerpublishingpr.com

ISBN 978-0-9961067-2-6

Este libro está dedicado a todos aquellos seres humanos que desean continuar creciendo en la vida y sobre todo, enriquecer y engalanar su palabra.

Contenido

Pensamientos	xi
Citas	1
Referencia de citas	139
Conoce a la autora	147
Bonos	153
Bono 1 Plantilla para preparar discursos	157
Bono 2 Extracto del libro *El Poder de la Oratoria*	161

Pensamientos...

En la vida nos topamos con seres humanos que nos enseñan, a través de sus palabras y acciones, a elevar nuestro espíritu, nuestra mente y nuestras emociones. Son estas lecciones de triunfos y pérdidas, resumidas en gotas de sabiduría, las que definen un rumbo a seguir.

Estas lecciones de vida, convertidas en citas con el tiempo, han iluminado mi camino en la oratoria. Muchas de ellas, también, han sido cómplices de provocar en mi vida un crecimiento inesperado, sobre todo, del interior. Cuando el interior se transforma, esta evolución te lleva con intención al proceso maravilloso de añadir valor a otras personas.

En este libro comparto un puñado de citas, que han viajado el mundo entero en distintos momentos de la historia de la humanidad, que te ayudarán a engalanar tus discursos y tus intervenciones como orador. Son un recurso genial para comenzar o terminar un discurso con poder y mantener el efecto de la introspección, para añadir valor a quienes te escuchan con atención, para inyectar humor o simplemente, enamorar a la audiencia.

Tu amiga,

Elbia

Citas

> Saber leer es saber andar, saber escribir es saber ascender.
>
> —José Martí

Notas: Escritor, periodista y político cubano (1853-1895).

_____
_____
_____
_____

> Sueño con pintar y luego, pinto mis sueños.
>
> —Vincent Van Gogh

Notas: Artista neo-impresionista holandés (1853-1890).

> Lo mismo que el hierro se oxida por falta de uso, y el agua estancada se vuelve putrefacta, también la inactividad destruye al intelecto.
>
> —Leonardo da Vinci

Notas: Arquitecto italiano, escultor, ingeniero, inventor, conductor de eventos (1452-1519).

_____

_____

_____

_____

> Nada perturba tanto la vida humana como la ignorancia del bien y el mal.
>
> —Marco Tulio Cicerón

Notas: Jurista, escritor, político y orador italiano (106 a.C - 43 a.C.).

> Aprender sin pensar es inútil; pensar sin aprender, peligroso.
>
> —Confucio

Notas: Filósofo chino (551 a.C. - 479 a.C.)

_____

_____

_____

_____

> Nada sienta mejor al cuerpo que el crecimiento del espíritu.
>
> —Proverbio oriental

Notas: Un proverbio es un refrán de origen popular, con una enseñanza o consejo.

_____
_____
_____
_____

Vale más sembrar una cosecha nueva que llorar por la que se perdió.

—Alejandro Casona

Notas: Dramaturgo y poeta español (1903-1965).

> Aprende a pasar la página de lo que vives.
> Sana tu pasado y continúa hacia delante.
>
> —Weyna Quiñones

Notas: Educadora puertorriqueña (1966-)

> A todo hombre le es concedido conocerse a sí mismo y meditar sabiamente.
>
> —Heráclito de Éfeso

Notas: Filósofo griego (535 a.C. - 484 a.C.)

_____

_____

_____

_____

> En el centro de las dificultades estriba la oportunidad.
>
> —Bruce Lee

Notas: Maestro de artes marciales, filósofo, actor, escritor y guionista estadounidense (1940-1973).

> La experiencia no es lo que te sucede, sino lo que haces con el que te sucede.
>
> —Aldous Huxley

Notas: Escritor, autor británico (1894-1963).

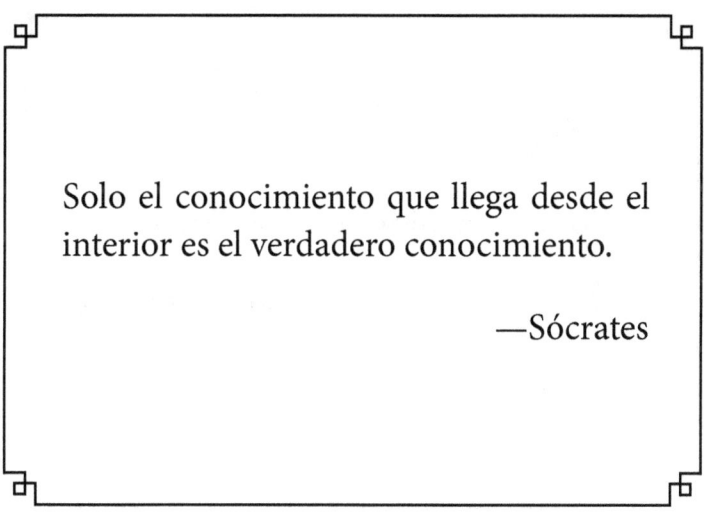

Solo el conocimiento que llega desde el interior es el verdadero conocimiento.

—Sócrates

Notas: Filósofo, escritor clásico ateniense (470 a.C. – 399 a.C.).

> Todos se comunican, pero pocos conectan.
>
> —John C. Maxwell

Notas: Pastor estadounidense, educador, escritor, autor, orador, líder mundial (1947 -).

_____

_____

_____

_____

La mayor conquista en el carácter de un guerrero es su propio temple.

—Huang Ta Chung

Notas: Filósofo marcial chino.

> Nuestras virtudes y nuestros defectos son inseparables, como la fuerza y la materia. Cuando se separan, el hombre deja de existir.
>
> —Nikola Tesla

Notas: Inventor, ingeniero, físico de origen austríaco (1856-1943).

_____

_____

_____

_____

> Aprendí que siempre que decido algo con mi corazón abierto, suelo acertar.
>
> —Maya Angelou

Notas: Poetisa, novelista, actriz, activista estadounidense (1928-2014).

_____

_____

_____

_____

> Las puertas de la sabiduría nunca están cerradas.
>
> —Benjamin Franklin

Notas: Político, científico, inventor estadounidense (1706-1790).

> Dejamos de temer aquello que se ha aprendido a entender.
>
> —Marie Curie

Notas: Pionera polaca en la investigación de la radioactividad (1867-1934). Premio Nobel® de Física (1903) y Premio Nobel® de Química (1911).

_____

_____

_____

_____

> Una de las lecciones con las que yo crecí es que debía permanecer siempre fiel a mí misma y nunca dejar que alguien me distraiga de mis metas.
>
> —Michelle Obama

Notas: Abogada estadounidense (1964-). Esposa del cuadragésimo cuarto presidente de los Estados Unidos, Barack Obama.

_____
_____
_____
_____

> La libertad política es inestimable, la liberta económica es indispensable.
>
> —Luis Muñoz Rivera

Notas: Poeta, periodista, político puertorriqueño (1859-1916).

_____
_____
_____
_____

> Nunca sentí que existieran limitaciones en lo que podía hacer.
>
> —Ann E. Dunwoody

Notas: Primera General de las Fuerzas Armadas de los Estados Unidos, 2008.

_____
_____
_____
_____

> El tiempo es vida, y consumir el tiempo en no hacer lo que se debe, es consumir inútilmente la existencia.
>
> —Eugenio María de Hostos

Notas: Educador, filósofo, escritor puertorriqueño (1839-1903).

_____

_____

_____

_____

> La suerte favorece solo a la mente preparada.
>
> —Isaac Asimov

Notas: Escritor de origen ruso, profesor de bioquímica (1920-1992).

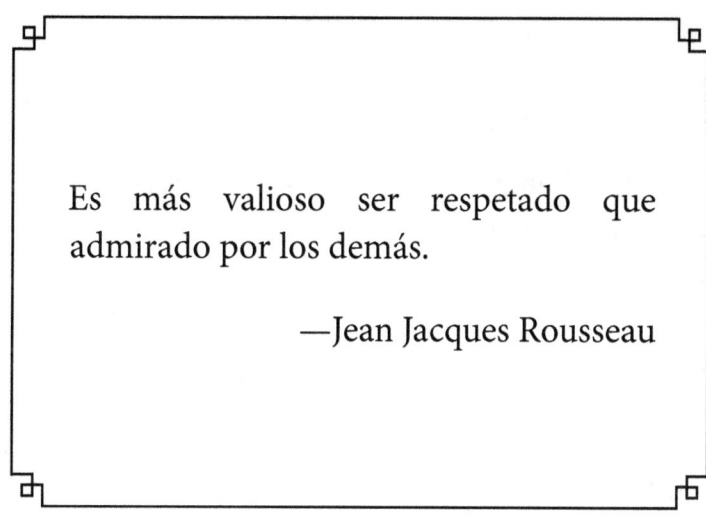

Es más valioso ser respetado que admirado por los demás.

—Jean Jacques Rousseau

Notas: Escritor, filósofo francés (1712-1778).

> Sin haber conocido la miseria, es imposible valorar el lujo.
>
> —Charles Chaplin

Notas: Actor británico, productor y director de cine (1889-1977).

_____

_____

_____

_____

> La verdadera felicidad no consiste en encontrar nuevas tierras, sino en ver con otros ojos.
>
> —Marcel Proust

Notas: Escritor francés (1871-1922).

> No olvidemos que las pequeñas acciones de cada día, hacen o deshacen el carácter.
>
> —Oscar Wilde

Notas: Escritor y poeta británico (1854-1900).

> La vida es como la bicicleta: hay que pedalear hacia adelante para no perder el equilibrio.
>
> —Albert Einstein

Notas: Físico y científico alemán de origen judío (1879-1955). Premio Nobel® de Física (1921).

> El hombre que se enoja se derrotará a sí mismo en el combate, lo mismo que en la vida.
>
> —Máxima samurai

Notas: Una máxima samurai es una frase relacionada a las artes marciales, principalmente.

_____
_____
_____
_____

> El más irrepochable de los vicios es hacer el mal por necedad.
>
> —Charles Baudelaire

Notas: Poeta, traductor y crítico francés (1821-1867).

_____
_____
_____
_____

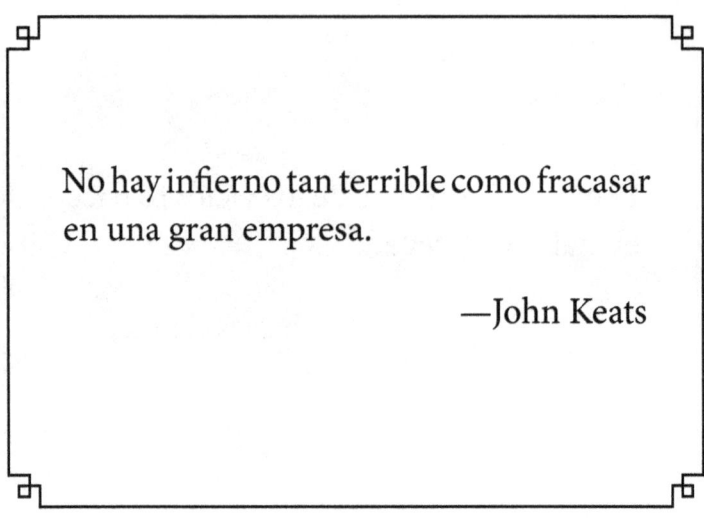

No hay infierno tan terrible como fracasar en una gran empresa.

—John Keats

Notas: Poeta británico (1795-1821).

> Un hombre es infinitivamente más complicado que sus pensamientos.
>
> —Paul Valéry

Notas: Escritor francés, poeta, ensayista (1871-1945).

Calma las aguas de tu mente, y el universo y las estrellas se verán reflejadas en tu alma.

—Rumi

Notas: Poeta y filósofo musulmán (1207-1273).

> Si intentamos entender la complejidad de la vida, llegaremos a la tumba sin haberlo logrado.
>
> —Lucille Ball

Notas: Actriz estadounidense y directora de televisión (1911-1989).

> Si hay una facultad de nuestra naturaleza que puede considerarse maravillosa, esa es la memoria.
>
> —Jane Austen

Notas: Novelista británico (1775-1817).

> El secreto de la existencia no consiste solamente en vivir, sino en saber para qué se vive.
>
> —Fyodor Mikhallovich Dostoyesky

Notas: Novelista ruso (1821-1881).

> El tacto en la audacia es saber hasta dónde se puede ir demasiado lejos.
>
> —Jean Cocteau

Notas: Poeta, cineasta, novelista y pintor francés (1889-1963).

> Lo verdadero es siempre sencillo, pero solemos llegar a ello por el camino más complicado.
>
> —George Sand

Notas: Escritora francesa (1804-1876). Su verdadero nombre fue Amandine Lucile Aurore Dupin, baronesa Dudevant.

> El agradecimiento es la parte principal de un hombre de bien.
>
> —Francisco de Quevedo

Notas: Político y escritor español (1580-1645).

_____
_____
_____
_____

> Transforma tu cuerpo entero en visión, hazte mirada.
>
> —Rumi

Notas: Poeta místico y filósofo musulmán (1207-1273).

> De la cuna a la tumba es una escuela, por eso lo que llamas problemas son lecciones.
> —Facundo Cabral

Notas: Cantante, compositor y escritor argentino (1937-2011).

> Sé el primero en preocuparte por el destino de la nación y el último en disfrutar de las comodidades.
>
> —Fan Zhongyan

Notas: Educador, poeta y estratega político chino (989-1052 a.C.).

_____
_____
_____
_____

> La risa apela a la inteligencia, mientras que el llanto está más ligado a la sensibilidad, pero si nacen del alma, ambos pueden ser libertadores.
>
> —Roberto Gómez Bolaños, alias Chespirito

Notas: Escritor mejicano, dramaturgo, actor, comediante, productor, creador de los personajes El Chavo del Ocho, El Chapulín Colorado, entre otros (1929-2014).

_____

_____

_____

_____

> Un mundo nace cuando dos se besan.
>
> —Octavio Paz

Notas: Ensayista y poeta mexicano (1914-1998).

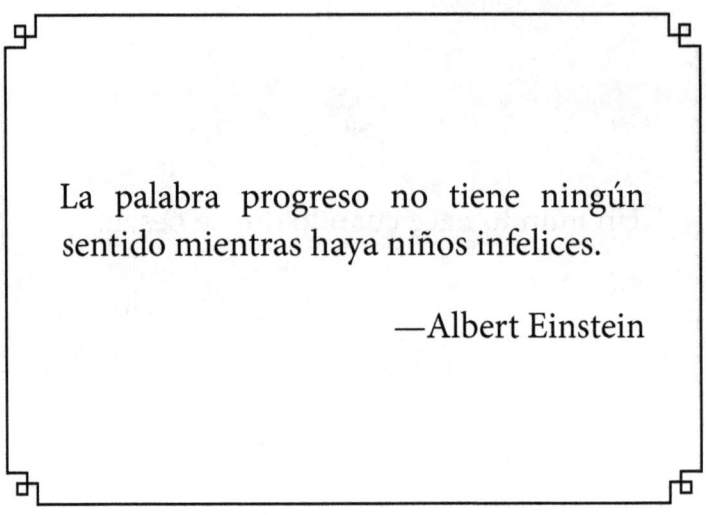

> La palabra progreso no tiene ningún sentido mientras haya niños infelices.
>
> —Albert Einstein

Notas: Físico y científico alemán de origen judío (1879-1955). Premio Nobel® de Física (1921).

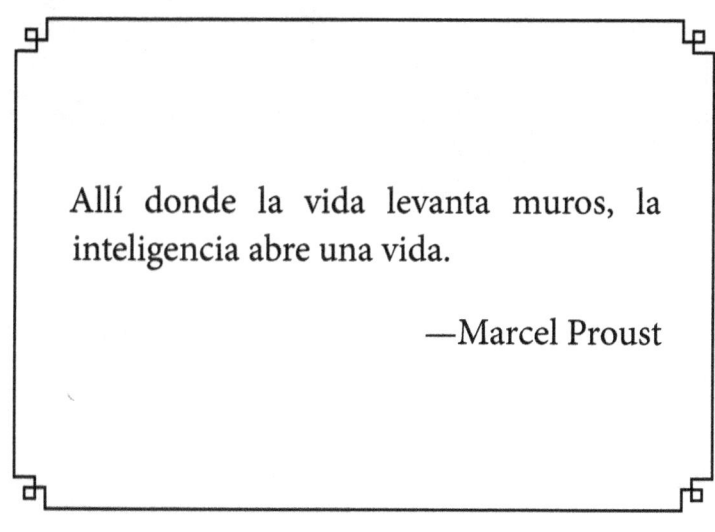

Allí donde la vida levanta muros, la inteligencia abre una vida.

—Marcel Proust

Notas: Escritor francés (1871-1922).

> Después de todo, la muerte es solo un síntoma de que hubo vida.
>
> —Mario Benedetti

Notas: Escritor, periodista y poeta uruguayo (1920-2009).

> Dentro de nosotros existe algo que no tiene nombre y eso es lo que realmente somos.
>
> —José Saramago

Notas: Poeta, novelista y escritor portugués (1922-2010).

> Los límites de mi lenguaje son los límites de mi mente.
>
> —Ludwig Wittgenstein

Notas: Filósofo británico de origen austríaco (1889-1951).

Lo importante no es mantenerse vivo, sino mantenerse humano.

—George Orwell

Notas: Escritor y periodista británico (1903-1950).

> La vida no es la que uno vivió, sino la que uno recuerda y cómo la recuerda para contarla.
>
> —Gabriel García Márquez

Notas: Escritor y periodista colombiano (1927-2014). Premio Nobel® de Literatura (1982).

_____

_____

_____

_____

> Toda lengua es un templo en el cual está encerrada como en un relicario, el alma del que habla.
>
> —Oliver W. Holmes

Notas: Médico, escritor y poeta estadounidense (1809-1894).

> A esta palabra solidaridad no muy bien bien vista por el mundo socioeconómico, como si fuera una mala palabra, hay que volverle a dar su merecida ciudadanía social.
> —Papa Francisco

Notas: Papa argentino de la iglesia católica, escritor (1936 -).

_____

_____

_____

_____

> Trabaja para mantener viva en tu pecho esa pequeña chispa de fuego celeste, la conciencia.
>
> —George Washington

Notas: Primer presidente de los Estados Unidos (1732-1799).

_____

_____

_____

_____

> Siempre tendrás malos tiempos, pero estos te despertarán de aquello que no estabas atendiendo.
>
> —Robin Williams

Notas: Actor y comediante estadounidense (1951-2014). Ganador del Premio Oscar® (1998).

> El hombre de corazón sabio acepta los consejos mientras que el pretencioso corre a su perdición.
>
> —Proverbios 10, 8

Notas: El libro Proverbios revela la sabiduría de Dios que se transfiere a la sabiduría humana.

_____

_____

_____

_____

> Dios me dio la oportunidad de sentarme en su balcón por tres días.
>
> —Eugene Cernan

Notas: Undécimo y último astronauta de la NASA en caminar sobre la luna (1934-).

> Todavía no se han levantado las vallas que le digan al talento: "de aquí no pasarás".
>
> —Ludwig van Beethoven

Notas: Compositor alemán (1770-1827).

> El médico que no entiende de almas, no entenderá los cuerpos.
>
> —José Narosky

Notas: Escritor argentino (1930-).

> Nunca pinto sueños o pesadillas. Pinto mi propia realidad.
>
> —Frida Kahlo

Notas: Pintora mexicana (1907-1954).

> Si uno no cambia, no evoluciona y termina por dejar de pensar.
>
> —Rem Koolhaas

Notas: Arquitecto holandés (1944-).

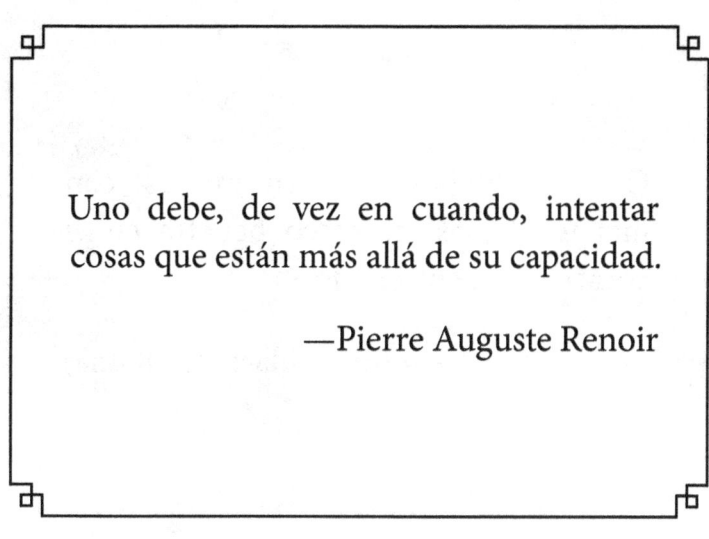

Uno debe, de vez en cuando, intentar cosas que están más allá de su capacidad.

—Pierre Auguste Renoir

Notas: Pintor francés impresionista (1841-1919).

> Como la lluvia penetra en una casa con mal tejado, así el deseo penetra en el corazón mal entrenado.
>
> —Buda (Sidarta Gautama)

Notas: Fundador del budismo. Conocido como el Iluminado.

_____
_____
_____
_____

> Vivir para los demás no es solamente una ley de deber, sino también una ley de felicidad.
>
> —Auguste Comte

Notas: Filósofo francés (1798-1857).

> La vida, como un comentario de otra cosa que no alcanzamos, y que está ahí al alcance del salto que no damos.
>
> —Julio Cortázar

Notas: Escritor argentino, de origen belga. Defensor de los derechos humanos (1914-1984).

> Cuando tienes la oportunidad de mejorar cualquier situación, y no lo haces, estás malgastando tu tiempo en la tierra.
>
> —Roberto Clemente

Notas: Pelotero, filántropo puertorriqueño (1934-1972). Exaltado al Salón de la Fama en los Estados Unidos (1973).

> Muchísimas personas sobreestiman lo que son y subestiman lo que son.
>
> —Malcom Forbes

Notas: Líder de negocios, hijo del fundador de la revista FORBES, editor (1919-1990).

_____

_____

_____

_____

El talento se educa en la calma y el carácter en la tempestad.

—Johann Wolfang von Goethe

Notas: Escritor, científico, filósofo y político alemán (1749-1832).

> Aquel que se ama a sí mismo, no tiene rival alguno.
>
> —Benjamin Franklin

Notas: Político, científico, inventor estadounidense (1706-1790).

> Nunca andes por el camino trazado pues te conducirá únicamente a donde otros ya fueron.
>
> —Alexander Graham Bell

Notas: Físico, científico, inventor británico (1847-1922).

> El miedo es la más grande discapacidad de todas.
>
> —Nick Vujicic

Notas: Evangelista cristiano australiano, orador motivacional, escritor y autor (1982-).

> No hay que apagar la luz del otro para lograr que brille la nuestra.
>
> —Mohandas Gandhi

Notas: Abogado, político, activista hindú. Promotor de la no violencia (1869-1948).

_____
_____
_____
_____

> Mientras haya un pobre, a menos que no sea un perezoso o un vicioso, hay una injusticia.
>
> —José Martí

Notas: Político, escritor, periodista cubano conocido como el apóstol de la independencia de Cuba (1853-1895).

_____
_____
_____
_____

> Estoy a dieta de pensamientos malos, personas destructivas y de cosas que no me convengan.
>
> —Paulo Coehlo

Notas: Escritor, dramaturgo brasileño (1947-).

> No se mide el valor de un hombre por sus ropas o por los bienes que posee, el verdadero valor del hombre es su carácter, sus ideas y la nobleza de sus ideales.
>
> —Charles Chaplin

Notas: Actor británico, productor y director de cine (1889-1977).

> La primera obligación de todo ser humano es ser feliz, la segunda es hacer feliz a los demás.
>
> —Mario Moreno, alias *Cantinflas*

Notas: Actor, comediante mejicano (1911-1993).

> Para el logro del triunfo siempre ha sido indispensable pasar por la senda de los sacrificios.
>
> —Simón Bolívar

Notas: Político y militar venezolano, conocido como el Libertador (1783-1830).

> Lo más difícil es la decisión de actuar, el resto no es más que una cuestión de tenacidad.
> —Amelia Earhart

Notas: Pionera estadounidense de la aviación (1897-1937).

> Al insensato le gusta meditar el mal y al hombre prudente, cultivar la sabiduría.
>
> —Proverbios 10, 23

Notas: El libro Proverbios revela la sabiduría de Dios que se transfiere a la sabiduría humana.

_____

_____

_____

_____

El secreto de la sabiduría del poder y del conocimiento es la humildad.

—Ernest Hemingway

Notas: Escritor, periodista estadounidense (1899-1961). Premio Pulizter® (1953)y Premio Nobel® de Literatura (1954).

> Un hombre sabio puede aprender más de una pregunta absurda que un tonto puede aprender de una respuesta sabia.
>
> —Bruce Lee

Notas: Maestro de artes marciales, filósofo, actor, escritor y guionista estadounidense (1940-1973).

_____

_____

_____

_____

> No puedo cambiar la dirección del viento, pero sí ajustar mis velas para llegar siempre a mi destino.
>
> —James Dean

Notas: Actor estadounidense (1931-1955).

> Igual valor requiere pararse y hablar, que sentarse y escuchar.
>
> —Winston Churchill

Notas: Político, escritor, orador, líder, militar británico (1874-1965).

_____
_____
_____
_____

> La gente sin ambición no sale nunca del agujero.
>
> —María Félix

Notas: Actriz, diva mejicana (1914-2002).

> Para ser grandes hay que servir a los demás.
>
> —Mateo 20: 26-28

Notas: Apóstol, evangelista. Libro bíblico del Nuevo Testamento.

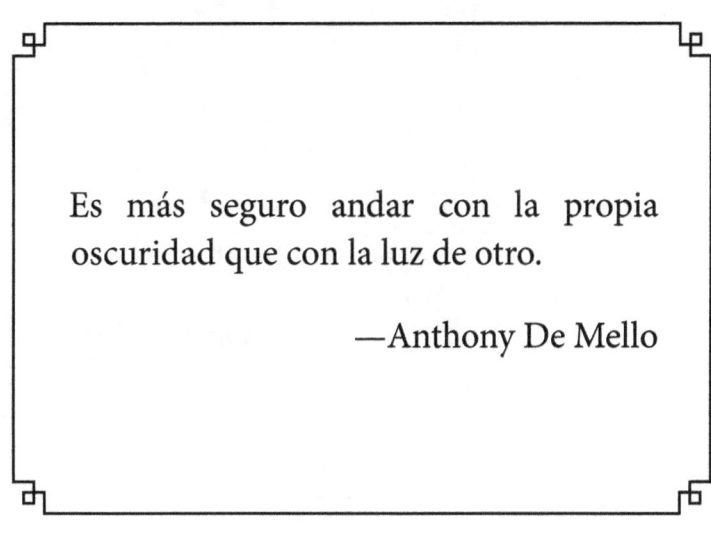

Es más seguro andar con la propia oscuridad que con la luz de otro.

—Anthony De Mello

Notas: Sacerdote jesuita, sicoterapeuta hindú, escritor, autor (1931-1987).

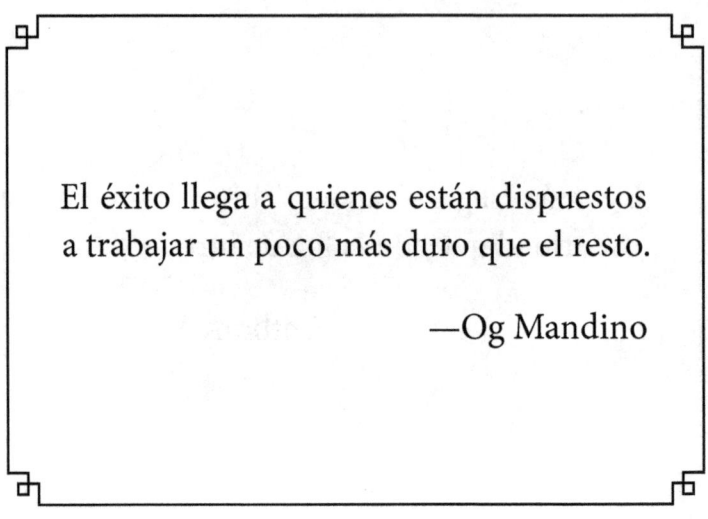

> El éxito llega a quienes están dispuestos a trabajar un poco más duro que el resto.
>
> —Og Mandino

Notas: Escritor, autor, ensayista, sociólogo italiano nacionalizado estadounidense (1923-1996).

> Un fracasado es un hombre que ha cometido un error, pero que no es capaz de convertirlo en experiencia.
>
> —Ron Hubbard

Notas: Esccritor estadounidense, fundador de la Dianética y la Cienciología (1911-1966).

_____

_____

_____

_____

No te estoy enseñando nada, solo te ayudo a que te conozcas a ti mismo.

—Bruce Lee

Notas: Maestro de artes marciales, filósofo, actor, escritor y guionista estadounidense (1940-1973).

> Hasta que no se unen pensamiento y propósito, no puede haber logro inteligente.
>
> —James Allen

Notas: Escritor, autor, poeta, filósofo británico (1864-1912).

_____

_____

_____

_____

> Son tus decisiones, no tus condiciones, las que determinan tu destino.
>
> —Tony Robbins

Notas: Autor, orador, coach estadounidense, empresario (1960–).

> Cuanto más dueño te sientas de tu poder de decisión, más poderosas serán tus decisiones.
>
> —Robin Sharma

Notas: Escritor, empresario canadiense. Experto en liderazgo y desarrollo personal (1965-).

> Un pueblo ignorante es un instrumento ciego de su propia destrucción.
>
> —Simón Bolívar

Notas: Político y militar venezolano, conocido como el Libertador (1783-1830).

> Aprende a escuchar y tómate tu tiempo para responder.
>
> —Sabiduría 5, 11

Notas: Libro bíblico del Antiguo Testamento.

_____

_____

_____

_____

El futuro es de aquellos que saben donde pertenecen.

—Divergent

Notas: Película estrenada en el 2014 basada en la novela Divergent de Verónica Roth.

Serás tan grande como la pasión que te domine y tan fuerte como el anhelo de tu corazón.

—James Allen

Notas: Escritor, autor, poeta, filósofo británico (1864-1912).

_____

_____

_____

_____

> No se accede a la verdad sino a través del amor.
>
> —San Agustín

Notas: Autor, escritor del cristianismo, santo de la iglesia católica. Le llamaban el 'doctor de la gracia' (354 - 430).

_____

_____

_____

_____

> La reflexión es uno de los principales medios que tienen los líderes de aprender del pasado.
>
> —Warren C. Bennis

Notas: Educador, consultor organizacional y autor estadounidense (1925-2014).

_____

_____

_____

_____

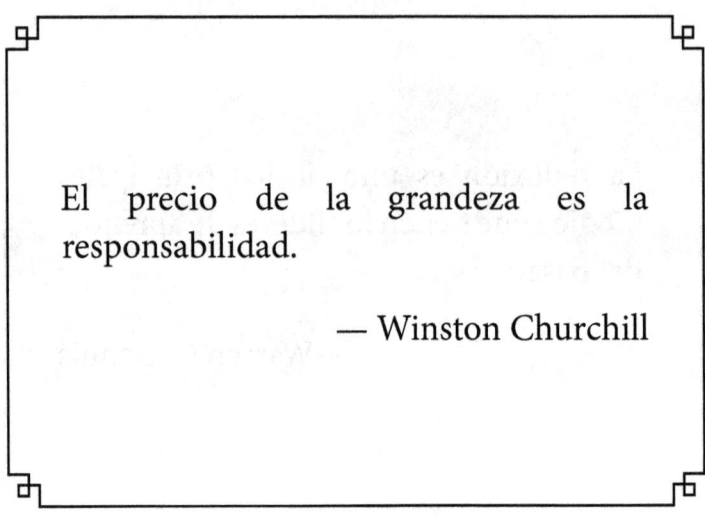

> El precio de la grandeza es la responsabilidad.
>
> — Winston Churchill

Notas: Político, escritor, orador, líder, militar británico (1874-1965).

> Ganar no es todo, pero querer ganar sí lo es.
>
> —Vince Lombardi

Notas: Entrenador estadounidense de fútbol (1913-1970).

> No amemos de palabra ni de lengua, sino de hecho y de verdad.
>
> — Juan 3, 18

Notas: Apóstol, evangelista. Libro bíblico del Nuevo Testamento.

_____

_____

_____

_____

> La bondad se hospeda en los labios del justo, y la corrupción, en la boca de los malvados.
>
> —Proverbios 10, 32

Notas: El libro de Proverbios revela la sabiduría de Dios que se transfiere a la sabiduría humana.

_____

_____

_____

_____

> La tontería de la gente es tener una respuesta para todo. La sabiduría de la gente es tener una pregunta para todo.
>
> — Mark DeMoss

Notas: Autor del libro The Little Book of Wisdom. Fundador y presidente, The DeMoss Group.

> Los líderes no infligen dolor, lo soportan.
>
> —Max De Pree

Notas: Empresario y escritor estadounidense (1924-). Autor de los libros Leadership Jazz, Essential Elements of a Great Leader, entre otros.

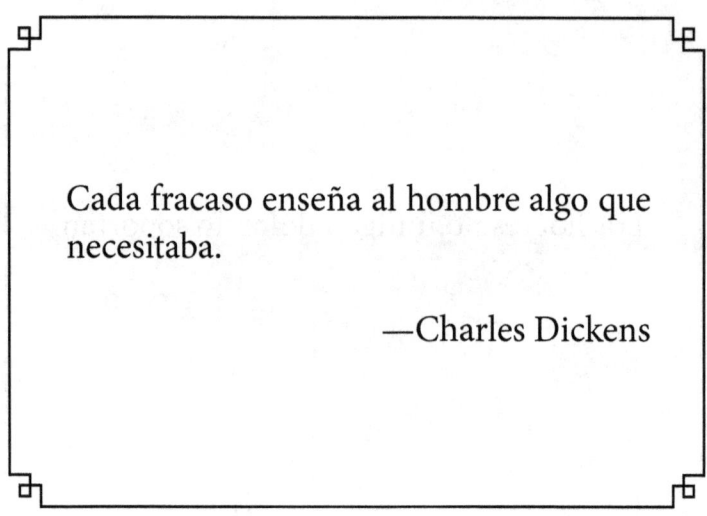

Cada fracaso enseña al hombre algo que necesitaba.

—Charles Dickens

Notas: Novelista británico (1812-1870).

> La innovación es lo que distingue al líder de sus seguidores.
>
> — Steve Jobs

Notas: Cofundador de Apple Inc.® y Pixar®, empresario estadounidense (1955-2011).

> Cada niño es un artista. El problema es cómo seguir siendo artista una vez que crece.
>
> — Pablo Picasso

Notas: Pintor y escultor español (1881-1973).

> El liderazgo te lleva con intención a buscar lo mejor de tu alma para influenciar a quienes desean trabajar por su futuro.
>
> —Elbia Quiñones

Notas: Autora puertorriqueña, escritora, coach, adiestradora, dedicada a la oratoria, lenguaje corporal y liderazgo (1965-).

_____

_____

_____

_____

> La gente buena, si se piensa un poco en ello, ha sido siempre gente alegre.
>
> — Ernest Hemingway

Notas: Escritor, periodista estadounidense (1899-1961). Premio Pulizter® (1953) y Premio Nobel® de Literatura (1954).

> La vida de cada hombre es un camino hacia sí mismo, el ensayo de un camino, el boceto de un sendero.
>
> —Hermann Hesse

Notas: Escritor, poeta, novelista y pintor alemán nacionalizado suizo (1877-1962).

> Jamás mueren en vano los que mueren por una causa grande.
>
> — Lord Byron

Notas: Escritor, poeta inglés (1788-1824).

> La sensibilidad levanta una barrera que no puede salvar la inteligencia.
>
> —Azorín

Notas: Ensayista, novelista y crítico literario español (1873-1967).

La vida es un mar de oportunidades. Aprovéchalas, compártelas y ayuda a otros a encontrar su camino.

— María L. Castillo

Notas: Educadora puertorriqueña (1942-).

> Un país con gente con talento y educada es el verdadero superpoder. No es el país con decenas de miles de armas. Cambiemos nuestro concepto.
>
> — Malala Yousafzai

Notas: Activista por la paz y los derechos de la mujer en Pakistán (1997-). Premio Nobel de la Paz® 2014.

_____

_____

_____

_____

> No debemos confiarnos en aquellos que presumen de generosos con el bien ajeno.
>
> — Esopo

Notas: Fabulista griego. Se cree que nació aproximadamente en 600 a.C.

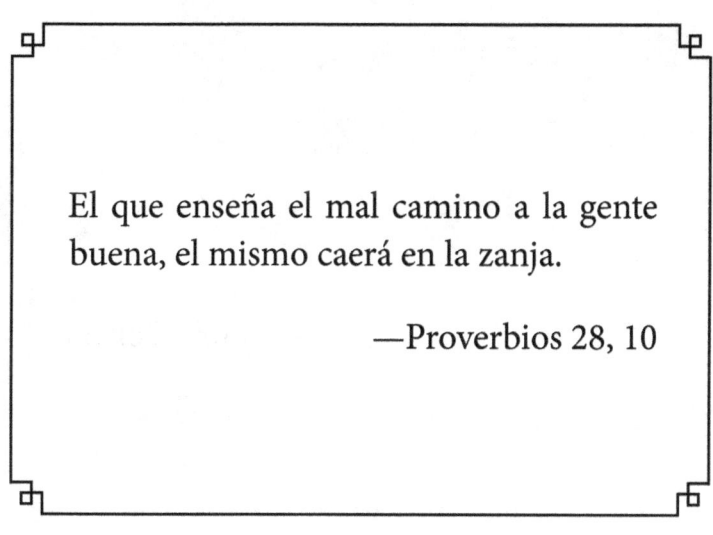

El que enseña el mal camino a la gente buena, el mismo caerá en la zanja.

—Proverbios 28, 10

Notas: El libro Proverbios revela la sabiduría de Dios que se transfiere a la sabiduría humana.

El arte de vencer se aprende de las derrotas.

— Simón Bolívar

Notas: Político y militar venezolano, conocido como el Libertador (1783-1830).

> Cada *strike* me acerca a un cuadrangular.
>
> —Babe Ruth

Notas: Leyenda estadounidense del béisbol de las Grandes Ligas (1914-1935).

_____

_____

_____

_____

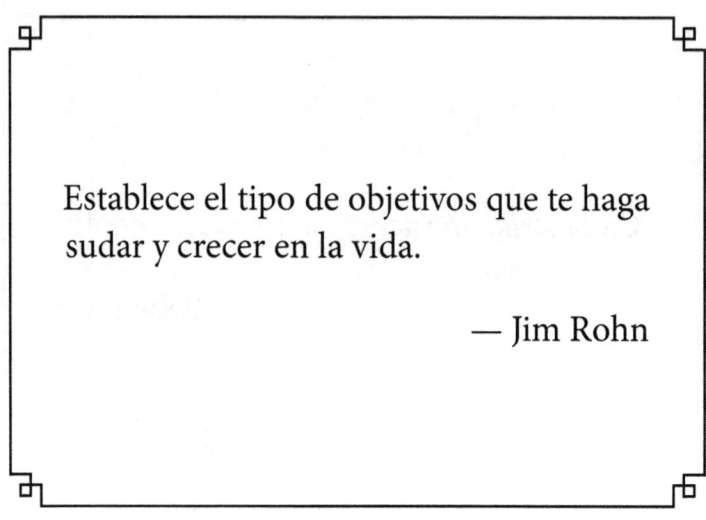

> Establece el tipo de objetivos que te haga sudar y crecer en la vida.
>
> — Jim Rohn

Notas: Filósofo estadounidense de negocios y desarrollo personal, autor y orador transformacional (1930-2009).

_____
_____
_____
_____

> La sinceridad va recta, simple, sin dobleces, sencilla, sin ninguna segunda intención.
> —Rumi

Notas: Poeta y filósofo musulmán (1207-1273).

> Nunca mates la flor de la esperanza cuando de la vida solo quedan ruinas.
>
> — Abelardo Díaz Alfaro

Notas: Cuentista puertorriqueño (1919-1999).

_____

_____

_____

_____

> Seremos libres si cada uno dice: "quiero mejorar".
>
> —Sor Isolina Ferré

Notas: Monja, educadora, filántropa puertorriqueña (1914-2000).

> La magia de la lengua es el hechizo más poderoso.
>
> —Edward Bulwer-Lytton

Notas: Novelista, dramaturgo, poeta y político británico (1803-1873).

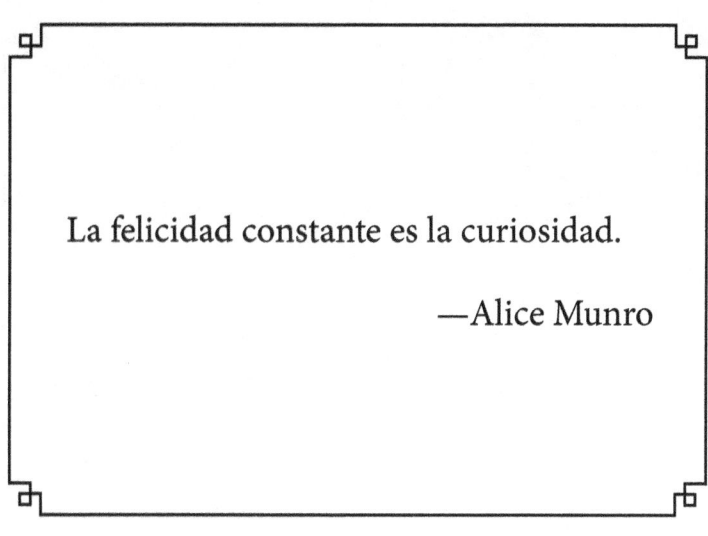

La felicidad constante es la curiosidad.

—Alice Munro

Notas: Escritora canadiense (1931-). Premio Nobel® de Literatura 2013.

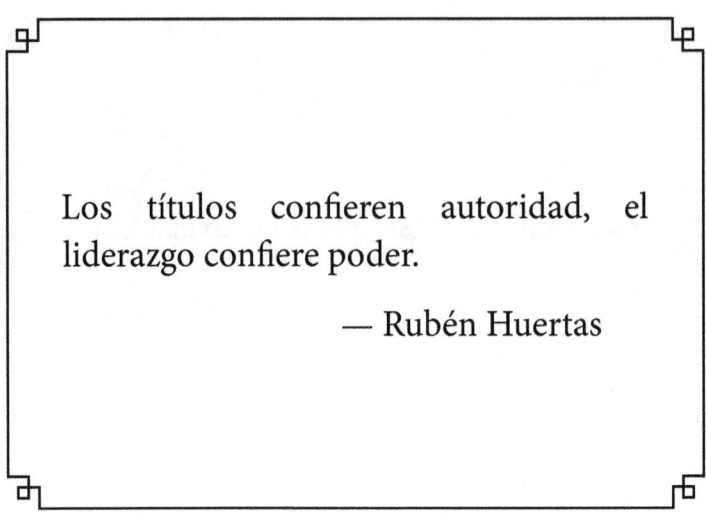

> Los títulos confieren autoridad, el liderazgo confiere poder.
>
> — Rubén Huertas

Notas: Autor estadounidense de padres puertorriqueños. Escritor, coach, dedicado al liderazgo, desarrollo personal y la oratoria (1966-).

> La vida es una combinación de experiencias saludables y amargas que te ayudan a entender mejor las oportunidades que Dios te pone en tu camino.
> —Elbia Quiñones

Notas: Autora puertorriqueña, escritora, coach, adiestradora, dedicada a la oratoria, lenguaje corporal y liderazgo (1965-).

> Existen tres cosas: la fe, la esperanza y el amor; pero la más grande de todas es el amor.
>
> — Corintios 13, 13

Notas: Libro bíblico del Nuevo Testamento.

_____

_____

_____

_____

La verdadera generosidad es aquella que no espera ser invocada.

—Valerio Massimo Manfredi

Notas: Escritor, ensayista, historiador, periodista y arqueólogo italiano (1943-).

> No permitas que tu lengua corra más que tu inteligencia.
>
> — Quilón de Esparta

Notas: Estadista, uno de los siete sabios más reconocidos de Grecia.

> La mejor semilla del mundo nada sirve, si la tierra no está preparada para recibirla.
>
> —Luis Muñoz Rivera

Notas: Poeta, periodista, político puertorriqueño (1859-1916).

> Amurallar el propio sufrimiento es arriesgarte a que te devore desde el interior.
>
> — Frida Kahlo

Notas: Pintora mexicana (1907-1954).

_____
_____
_____
_____

> Los grandes hombres casi nunca son cimas de montañas aisladas, son las cumbres en cordilleras gigantes.
>
> —Amelia Earhart

Notas: Pionera estadounidense de la aviación (1897-1937).

> Los buenos líderes deben convertirse primero en buenos servidores.
>
> — Robert K. Greenleaf

Notas: Estadounidense (1904-1990).
Fundador del movimiento de liderazgo servidor.

> El fracaso nunca me derribará si mi determinación de ser exitoso es lo suficiente fuerte.
>
> —Og Mandino

Notas: Escritor, periodista italiano de nacionalidad estadounidense (1923-1996). Uno de los mejores propulsores de libros de autoayuda.

> Cada vez que cometo un error me parece descubrir una verdad que no conocía.
>
> — Maurice Maeterlinck

Notas: Escritor belga (1862-1949).

> Escucha la voz de tu corazón y sigue tu pasión.
>
> —Weyna Quiñones

Notas: Educadora puertorriqueña (1966-).

Referencia de Citas

Referencia de Citas

A

Abelardo Díaz Alfaro 122
Albert Einstein 29, 46
Aldous Huxley 12
Alejandro Casona 8
Alexander Graham Bell 71
Alice Munro 125
Amelia Earhart 79, 133
Ann E. Dunwoody 22
Anthony De Mello 87
Auguste Comte 65
Azorín 113

B

Babe Ruth 119
Benjamin Frankiln 18, 70
Buda 64
Bruce Lee 11, 82, 90

C

Charles Baudelaire 31
Charles Dickens 106
Charles Chaplin 26, 76
Confucio 6
Corintios 128

D

Divergent 96

E

Edward Bulwe-Lytton 124
Elbia Quiñones 109, 127,
Ernest Hemingway 81, 110

Esopo 116
Eugene Cernan 58
Eugenio María de Hostos 23

F

Facundo Cabral 42
Fan Zhongyan 43
Francisco de Quevedo 40
Frida Kahlo 61, 132
Fyodor Mikhallovich Dostoyesky 37

G

Gabriel García Márquez 52
George Orwell 51
George Washington 55
George Sand 39

H

Heráclito de Éfeso 10
Hermann Hesse 11
Huang Ta Chang 15

I

Isaac Asimov 24

J

James Allen 91, 97
James Dean 83
Jane Austen 36
Jean Cocteau 38
Jean Jacques Rousseau 25
Jim Rohn 120
Johann Wolfang von Goethe 69
John Keats 32
John C. Maxwell 14
José Martí 2, 74
José Saramago 49
José Narosky 60

Juan 102
Julio Cortázar 66

L

Leonardo da Vinci 4
Lord Byron 112
Lucille Ball 35
Ludwig Willgenstein 50
Ludwig van Beethoven 59
Luis Muñoz Rivera 21, 131

M

Malala Yousafzai 115
Malcom Forbes 68
Marcel Proust 27, 47
Marco Tulio Cicerón 5
María Félix 85
María L. Castillo 114
Marie Curie 19
Mark DeMoss 104
Mario Benedetti 48
Mario Moreno 'Cantinflas' 77
Mateo 86

Maurice Maeterlinck 136
Max De Pree 105
Máxima samurai 30
Maya Angelou 17
Michelle Obama 20
Mohandas Gandhi 73

N

Nick Vujicic 72
Nikola Tesla 16

O

Og Mandino 88, 135
Oliver W. Holmes 53

Octavio Paz 45
Oscar Wilde 28

P

Pablo Picasso 108
Papa Francisco 54
Paulo Coehlo 75
Paul Valéry 33
Pierre Auguste Renoir 63
Proverbios 57, 80, 103, 117
Proverbio oriental 7

Q

Quilón de Esparta 130

R

Rem Koolhaas 62
Robert K. Greenleaf 134
Roberto Clemente 67
Roberto Gómez Bolaño 44
Robin Sharma 93
Robin Williams 56
Ron Hubbard 89
Rubén Huertas 126
Rumi 34, 41, 121

S

Sabiduría 95
San Agustín 98
Simón Bolívar 78, 94, 118
Sócrates 13
Sor Isolina Ferré 123
Steve Jobs 107

T
Tony Robbins 92

V

Valerio Massimo Manfredi 129
Vince Lombardi 101
Vincent Van Gogh 3

W

Warren C. Bennis 99
Weyna Quiñones 9, 137
Winston Churchill 84, 100

Conoce a la autora

Conoce a la autora

Elbia I. Quiñones es fundadora y diseñadora de los programas de Fast Growth International. Incorpora elementos de persuasión visual y de lenguaje no verbal en sus presentaciones, logrando así una comunicación clara y de excelencia.

Cuenta con más de veinte años de experiencia corporativa y organizacional. Domina, además, los elementos de persuasión y comunicación efectiva. Ha logrado integrar elementos complejos, de manera sencilla y fácil de aprender, en los programas de oratoria y de liderazgo. Su sistema práctico acelera el proceso de aprendizaje y el dominio de los fundamentos de la comunicación. Trabaja con profesionales de todo tipo de industrias.

También, dedica parte de su tiempo libre como voluntaria para fomentar la oratoria, comunicación y liderazgo en los jóvenes, visitando escuelas y facilitando talleres básicos.

Su más reciente proyecto ha sido el estudio, investigación e incorporación de elementos exitosos de aprendizaje de origen japonés. Estos garantizan la retención de un mínimo de 70% del material expuesto. Contrasta con el modelo convencional de occidente, el cual logra un máximo de 10% de retención.

Trabaja, además, como diseñadora de presentaciones y discursos corporativos y protocolarios. Es maestra de ceremonias y animadora, oradora y presentadora de temas, tales como: *Tu Cuerpo Habla, Negociación Corporal, Escucha tu Voz y El Poder de la Oratoria*. Ayuda a los empresarios a proyectarse con poder. Le llaman *"La dama de la oratoria"*.

En el 2012 alcanzó la designación de "Toastmaster Distinguida" (DTM), el más alto reconocimiento que otorga la organización *Toastmasters International®* a través de sus programas de comunicación y de liderazgo. Es la primera persona en Puerto Rico en alcanzar tan cotizado galardón. Asimismo, obtuvo varias certificaciones ofrecidas por la institución School of Language de Washington, incluyendo Advanced Body Language Expert.

Es también autora del libro *El Poder de la Oratoria* (2012), *Maestro de Ceremonias: Conecta con Poder* (2014) y colaboradora en el libro *Heart of a Toastmaster* con su historia *Anything is Possible* (2013). Es coach, adiestradora y oradora certificada por The John Maxwell Team®.

> La autora está disponible para presentaciones, seminarios, talleres y consultoría tanto en inglés como en español. Para contrataciones pueden comunicarse con Power Publishing Learning Systems™
> al 787.378.0598
> o mediante correo electrónico a
> elbia@fastgrowthpr.com

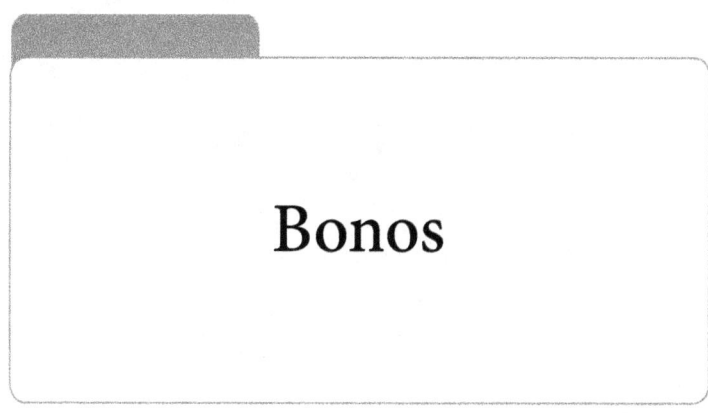

Bono 1

Temas para relacionar con citas	
Alegría	Luz
Amistad	Matrimonio
Amor	Miedo
Bienestar económico	Muerte
Bienestar físico	Música
Bienestar mental	Paz
Bondad	Pensamiento
Crecimiento personal	Política
Coraje	Razón
Dignidad	Religión
Dios	Respeto
Educación	Sabiduría
Esperanza	Soledad
Evolución	Solidaridad
Felicidad	Tiempo
Generosidad	Trabajo
Gratitud	Transformación
Ignorancia	Valor
Lealtad	Valores
Libertad	Verdad
Liderazgo	Vida

Plantilla Para Preparar Discursos

Definición del tema
Identifica el propósito del discurso
Cómo añadirás valor a la audiencia
Cuál será el título del discurso
Introducción
Cómo introducirás el tema para llamar la atención (cita, historia, dramatización, anécdota, estadísticas impactantes)
Qué presentaré del tema en general
Cuerpo
Presentar punto 1 del tema 1. Ideas de apoyo 2. Ideas de apoyo 3. Ideas de apoyo Transición (cita, historia, ejemplos, estadísticas)
Presentar punto 2 del tema 1. Ideas de apoyo 2. Ideas de apoyo 3. Ideas de apoyo Transición (cita, historia, ejemplos, estadísticas)
Presentar punto 3 del tema 1. Ideas de apoyo 2. Ideas de apoyo 3. Ideas de apoyo Transición (cita, historia, ejemplos, estadísticas)
Conclusión
Prepara un resumen de los principales puntos del tema 1. Resumen punto 1 2. Resumen punto 2 3. Resumen punto 3
Qué tres puntos deseas que la audiencia recuerde
Qué acciones positivas (1-3) deseas que los participantes estudien y realicen para sus vidas

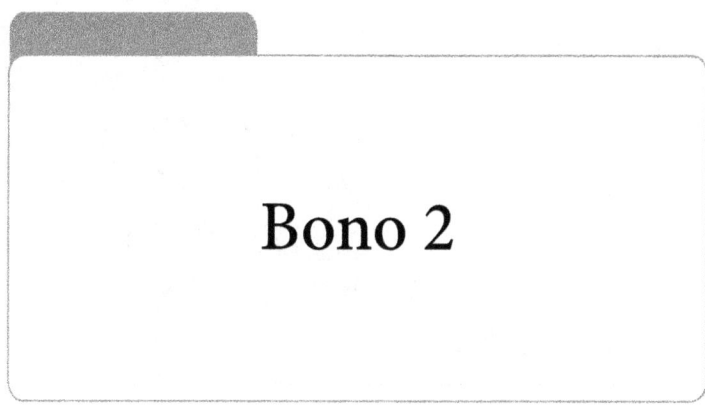

Bono 2

El Poder de la Oratoria

Extracto del libro "El Poder de la Oratoria"
Introducción y Capítulo I

Por Elbia I. Quiñones

Disponible a través de:

Power Publishing Learning Systems

www.amazon.com

www.powerpublishingpr.com

Solicítelo en su librería favorita

ISBN 978-0-9819090-9-7

Extracto - El Poder de la Oratoria

Introducción

Hablar ante un público es una combinación de arte y destrezas aprendidas, es una expresión de emociones, de ideas, de imaginación. Muchas veces es lograr que algo que no existe, cobre vida. Damos vida a la palabra cuando comunicamos y nos conectamos con la audiencia. Sin embargo, qué decir y cómo decirlo requiere que uno se enfrente a innumerables retos.

Con certeza puedo decir que la oratoria induce a una transformación de vida. A través de su poder se fortalece la confianza que te inspira a ser mejor, a crecer. Al recuperarla, pude arriesgarme a explorar otras carreras profesionales que siempre había deseado como ser escritora y editora. Sueños que se hicieron realidad, gracias al poder de la oratoria y a su maravillosa transformación.

Estos últimos años han sido los más productivos en mi vida: desde publicar y editar múltiples libros de bienes raíces, colaborar en revistas profesionales, ser conferenciante hasta desarrollar mi compañía Fast Growth International. Sin la transformación tan poderosa que he experimentado mediante la oratoria, jamás hubiera tenido la oportunidad de creer que con imaginación tenía un mundo de posibilidades y éxitos. Lo más importante, a penas estoy comenzando.

Regálate esa transformación que ocurre a través de la oratoria. Siente su poder, su sanación, su riqueza, su crecimiento. ¡Tú te lo mereces!

Capítulo 1

El Poder Transformacional de la Oratoria

"Muchos son los que obran bien, pero contadísimos los que hablan bien; lo que demuestra que hablar es mucho más difícil que hacer y desde luego, mucho más hermoso".—Oscar Wilde

EXTRACTO - EL PODER DE LA ORATORIA

EL PODER TRANSFORMACIONAL
DE LA ORATORIA

¿Qué tienen en común los presidentes de las naciones, los líderes comunitarios y los ciudadanos del mundo? Todos necesitamos, día a día, del poder de la oratoria para inspirar, convencer, persuadir y provocar un cambio de actitudes y de comportamiento. Este arte de hablar con elocuencia nació de la rica fusión de elementos griegos y romanos ocurrida hace más de 2,000 años.

En Atenas, la oratoria fue el medio para alcanzar puestos políticos, prestigio y honor. De igual manera, cada ciudadano desarrollaba la destreza de hablar ante un público para representarse y defenderse en las cortes. En ese entonces la figura del abogado no estaba definida.

De los griegos heredamos los elementos básicos de un buen discurso. Aristóteles los definió como credibilidad *(ethos)*, argumentos claros y válidos *(logos)* y apelar a las emociones de la audiencia *(pathos)*. Uno de los principales oradores atenienses de este estilo de oratoria fue Demóstenes, considerado por muchos como el Padre de la Oratoria.

Demóstenes desarrolló la elocuencia estudiando los discursos de reconocidos oradores. Practicaba en una habitación subterránea que construyó para ese propósito. En otras ocasiones, caminaba cerca del mar para hablar por encima del ruido de las olas. Cuando comía, recitaba versos para fortalecer los músculos de la cara y la boca.

Cuenta la historia que a los siete años quedó huérfano, pero con una gran fortuna. Su familia era muy rica y su padre dejó un fideicomiso para él a cargo de sus tíos-tutores. Estos malgastaron la fortuna, por lo que Demóstenes vivió su juventud en la extrema pobreza. Sin embargo, a los veinte años, el joven decidió demandar a sus tutores. Pronunció cinco discursos durante los juicios que le ayudaron a recuperar lo que quedaba de su fortuna.

Poco a poco fue desarrollando un estilo único en la oratoria. Pasó de ser un niño con un defecto de elocución en el habla que le hacía proyectarse con una voz desagradable, extraña y con dificultades en el manejo del aire (tartamudo) a un orador que perfeccionó el estilo del mensaje con pasión, gestos, voz y tonos paralelos a las palabras.

De Grecia la oratoria pasó al Imperio Romano. En Roma tenemos dos grandes expositores: Marco Tulio Cicerón y Marco Fabio Quintiliano. De Cicerón, heredamos el estilo del lenguaje, la organización, la selección de los argumentos, la presentación memorizada y el uso de los gestos, las expresiones y el volumen en el discurso.

A Marco Fabio Quintiliano, también se le acredita ser el Padre de la Oratoria por su obra de doce volúmenes *Institutio Oratoria*, en los cuales presenta cómo debe ser un orador. Sea Demóstenes o Marco Fabio Quintiliano el Padre de la Oratoria, la historia demuestra que independientemente tu situación inicial, tú puedes ser un orador destacado. No importa si es en Grecia, Roma o en alguna otra parte del mundo, cuando seas orador hazlo con pasión. No prives a las personas de tu tesoro interior. ¡Otros en el tiempo contarán tus historias!

Extracto - El Poder de la Oratoria

Aprende a vivir a través de la oratoria, aprende de nuevo a sentir

Hoy seré la voz de aquellas personas que nunca quisieron ser oradores y sin saberlo se negaban a explorar valiosas oportunidades de crecimiento en la vida. Mi historia es muy simple. Fui precisamente una de ellas.

Me preocupaba sobremanera cómo la audiencia podía percibirme en cada intervención como oradora. A pesar de la poca confianza que sentía y del claro signo de vulnerabilidad y miedo, insistía en darle la espalda a la oportunidad de sentir la grandeza de la transformación de la oratoria. Desnudar mis emociones y mis frustraciones no fue fácil. Acepté, por fin, que debía trabajar con mis saboteadores emocionales, para dar paso a la verdadera esencia de la oradora.

Durante estos años la oratoria me ha permitido evaluar aspectos de mi vida que habían hecho que se debilitara mi confianza. A través de los discursos comencé a aliviar la carga del pasado y a descansar de los efectos que genera un divorcio nefasto. Este había arrancado de mi alma todo deseo y posibilidad de continuar progresando en la vida. Me transformé en una valiente guerrera presta a experimentar nuevos capítulos y nuevas historias. Descubrí el poder de la oratoria y del bálsamo sicológico que se esconde tras ella.

Alexander Graham Bell, visionario de las comunicaciones, decía: "A veces nos quedamos tanto rato mirando la puerta que se cierra, que ya es tarde cuando vemos la que se ha abierto". Aprovecha la oportunidad que la oratoria brinda de descubrir tu alma en cada palabra que pronuncies, en cada palabra que ayudas a salvar al mundo. Que tu alma descubra el poder de la oratoria.

La oratoria transformará tu interior

La oratoria transformó la manera de percibir las personas, los trabajos, los proyectos que soñé en distintos momentos y que ahora son realidad. Lo más impactante, cambió la manera de verme y de evaluarme para crecer.

Creo en el poder transformacional de la oratoria; del poder que te levanta y te saca de las tinieblas del estancamiento personal y profesional. Del poder que despierta a uno para siempre y logra que seas único. La oratoria provocó que estudiara mi interior, que entendiera qué podía mejorar y qué podía compartir con el mundo para que las personas también se transformaran con poder.

Con este ejercicio, comienza a estudiar tu interior para que tu palabra se transforme con poder.

Cómo me veo

_____

_____

_____

Extracto - El Poder de la Oratoria

Qué puedo transformar, qué me detiene

_____

_____

_____

Cómo lo trabajaré

_____

_____

_____

Tu mentor es clave en el proceso de transformación

Cada uno de nosotros es el compendio de la manera en que nos criaron y educaron, del cúmulo de experiencias que nos marcaron para bien o para mal, de lo que hemos aprendido y de lo que deseamos transformar para darle brillo a nuestra vida.

En muchas dimensiones y aspectos de la vida necesitamos de la luz de un mentor para guiarnos y ayudarnos a entender el inventario personal de vida que nunca completamos. En la oratoria, el mentor es indispensable en tu evaluación interior puesto que influye en el análisis de tus fortalezas y debilidades como persona y orador. Te ayuda a mejorar tu comunicación con la audiencia, realza tu estilo cuando aprendes a multiplicar el valor de las vidas de quienes te escuchan, entre otras cosas.

Cuando comencé en la oratoria, me sentía perdida y confundida. No sabía qué decir, cómo estructurar el mensaje con poder y cómo decirlo. No podía hablar del corazón porque estaba sencillamente en pedazos. Conocí a este grandioso mentor que hizo que comprendiera lo siguiente:

1. El ser humano no es perfecto; tampoco la oratoria.
2. Para dar vida al discurso, necesitas definir su estructura.
3. Es obligatorio ensayar el discurso hasta el cansancio.
4. Si no escuchas tu voz, ¿cómo sabes qué sabor le falta?
5. Cree en ti y repite "puedo hacerlo, puedo hacerlo, puedo hacerlo".
6. Si el discurso que presenté no fue el mejor, el próximo lo será.
7. Siempre tenemos oportunidades para mejorar y crecer.
8. Agradece la oportunidad de conectarte con la audiencia.
9. Tus experiencias de vida pueden ser la salvación para el que escucha.
10. Comunícate con palabras simples, palabras del corazón. Son más poderosas.

Son consejos simples de valor incalculable. Aprendí a caminar en la oratoria siguiendo sus consejos, escuchando recomendaciones y reconociendo el mar de posibilidades que surgen cuando creemos en nosotros mismos. A este sorprendente mentor, Rubén Huertas, le dedico esta página de letras. ¡Gracias por ser el prisma que le dio color a mi vida!

Inventario del Orador

Para que tu mensaje sea poderoso necesitas examinar junto a tu mentor el siguiente inventario:

Cuáles son mis fortalezas en la comunicación

_____

_____

_____

Cuáles son mis áreas de crecimiento en la comunicación

_____

_____

_____

En cuáles fortalezas me concentraré para crecer aún más

_____

_____

_____

El mentor te ayudará a ser una mejor persona, un mejor comunicador y un mejor líder.

Diez Mentores Poderosos

Mentor	Aprendiz
Rubén Huertas	Elbia Quiñones
Platón	Aristóteles
Jim Rohn	Anthony Robbins
Jesús	Los doce apóstoles
Dr. Buckminster Fuller	Mark Victor Hansen
Dietrich Eckart	Adolfo Hitler
Brooks Brothers	Ralph Lauren
Aristóteles	Alejandro Magno
Andrew Carnegie	Napoleón Hill
_____	Apreciado lector

Extracto - El Poder de la Oratoria

El éxito de los diez mentores de la tabla anterior se mide por las vidas que han transformado. Estos visionarios, filósofos, comunicadores, empresarios, políticos y líderes religiosos influyeron en los rumbos de diez aprendices sedientos de infundir poder emocional a la palabra.

Dejo un espacio para que lo llenes cuando identifiques tu mentor. Procura caminar junto a un mentor para que tu paso por la oratoria sea firme y seguro. Soy testimonio de ello.

  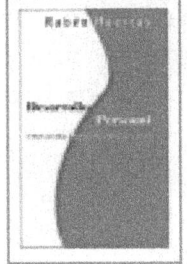 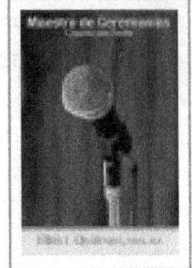

Power Publishing Learning Systems™

Disponibles en AMAZON

Oferta Especial

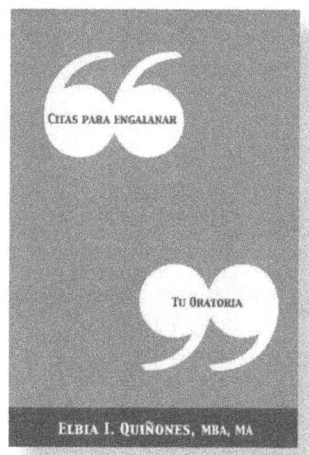

Sea parte de este libro

Ordénelo con el logo de su empresa en la cubierta.*
Escriba un mensaje dirigido a sus empleados, asociados o clientes el cual será impreso como parte del libro. Sea partícipe en este movimiento de educación para el mejoramiento y la superación personal. Utilice este libro como parte de su programa de adiestramiento y como un obsequio especial. El desarrollo personal y profesional es la mejor inversión que podemos realizar.

www.ingramcontent.com/pod-product-compliance
Lightning Source LLC
LaVergne TN
LVHW041619070426
835507LV00008B/346